# CAM-wrth-GAM

# Cludiant a Chyfathrebu

Patience Coster

Lluniau gan Raymond Turvey

a Pamela Goodchild

**DRAKE**

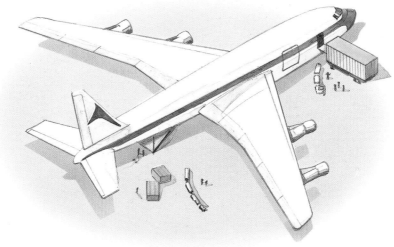

ⓗ 1997 Franklin Watts

Cyhoeddwyd gyntaf ym Mhrydain gan
Franklin Watts
96 Leonard Street
London
EC2A 4RH

Franklin Watts Australia
14 Mars Road
Lane Cove
NSW 2006
Australia

ISBN: 0 86174 087 4
Mae catalog CIP ar gyfer y llyfr hwn ar gael gan y Llyfrgell Brydeinig
Argraffwyd yn Dubai

Cynllunio a chynhyrchu gan The Creative Publishing Company
Dylunio: Ian Watson
Ymgynghorydd: Keith Lye
Trosiad Cymraeg: Julie Paschalis

ⓗ 1997 Y testun Cymraeg
Gwasg Addysgol Drake
Cyhoeddwyd yn Gymraeg gan Wasg Addysgol Drake
Ffordd Sain Ffagan, Y Tyllgoed
Caerdydd CF5 3AE

Ffotograffau: Bruce Coleman: tudalen 14 (Dr Stephen Coyne);
Llyfrgell Luniau Mary Evans; tudalen 28; Llyfrgell Luniau Robert Harding: clawr (C Moore),
tudalen 5 (Jane Legate), tudalen 7 (Gavin Hellier), tudalen 13 (Bill Ross), tudalen 18
(Charles Briscoe-Knight), tudalen 21, gwaelod (Adina Tovy), tudalen 25, gwaelod (P Hattenberger),
tudalen 23, top; Image Bank: tudalen 6 (J du Boisberran), tudalen 10 (Andrea Pistolesi), tudalen 25,
top (G Heisler), tudalen 26 (Max Dannenbaum), tudalen 30 (Andy Caulfield); Kia Cars (y DU)
Cyf: tudalen 31, top; Tony Stone Worldwide: tudalen 8 (Stephen Beer), tudalen 11
(Joe Cornish), tudalen 16 (Stephen Studd), tudalen 17 (Will a Deni McIntyre),
tudalen 21, top (Tim Sea King Rescue), tudalen 27 (Hans Schlapfer),
tudalen 31, gwaelod (Walter Hodges); ZEFA: tudalen 12, tudalen 23, gwaelod.

# Cynnwys

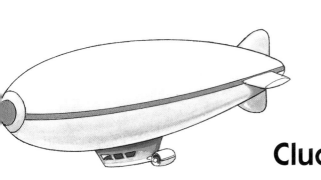

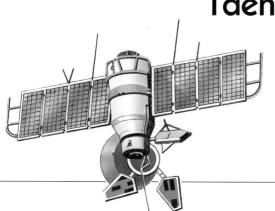

# Trafnidiaeth a Chyfathrebu

Edrychwch ar y llun hwn. Sawl
dull o gludiant welwch chi?

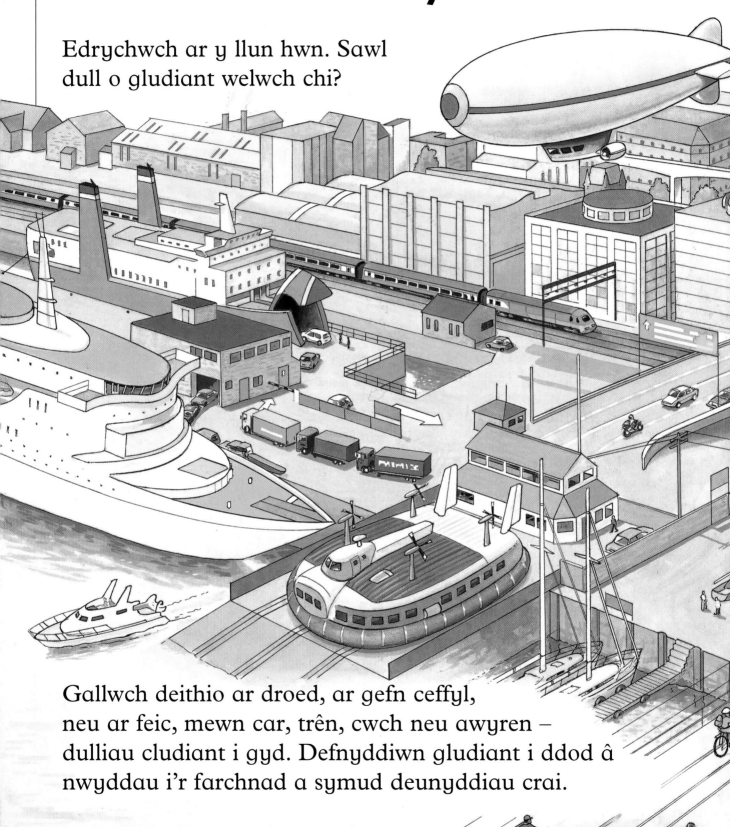

Gallwch deithio ar droed, ar gefn ceffyl,
neu ar feic, mewn car, trên, cwch neu awyren –
dulliau cludiant i gyd. Defnyddiwn gludiant i ddod â
nwyddau i'r farchnad a symud deunyddiau crai.

4

Does dim rhaid teithio i gadw mewn cysylltiad â phobl. Gallwch ysgrifennu llythyr neu ddefnyddio'r ffôn. Os ydych am gadw mewn cysylltiad â'r byd mawr gallwch wrando ar y radio neu wylio'r teledu. Dulliau cyfathrebu yw'r rhain i gyd.

# Symud Pobl

Mae pobl wedi symud erioed. Roedd y bobl gyntaf yn teithio ar droed. Wedyn, câi anifeiliaid eu defnyddio i gario pobl a thynnu ceirt. Yn y bedwaredd ganrif ar bymtheg, roedd y goets fawr yn cysylltu trefi a dinasoedd.

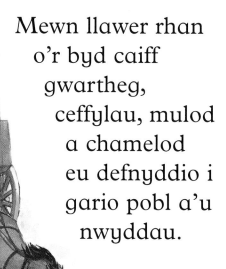

Mewn llawer rhan o'r byd caiff gwartheg, ceffylau, mulod a chamelod eu defnyddio i gario pobl a'u nwyddau.

Y ffurfiau mwyaf modern o gludiant ar y tir yw ceir, beiciau modur, trenau a bysiau.

## Ar Eich Beic

Mewn dinasoedd yn China, rydych yr un mor debygol o weld beic â char. Er eu bod lawer arafach na cheir, dydyn nhw ddim yn llygru'r amgylchedd.

# Symud Pethau

Mae cludo nwyddau mor bwysig â chludo pobl. Ar y tir, caiff nwyddau eu cario gan fan, lori a thrên. Mae cychod camlas yn symud llwythi ar afonydd, camlesi a llynnoedd. Yn y porthladd isod, mae blychau amlwyth yn cael eu symud o long gargo i lori.

Mae awyrennau yn cario post a **nwyddau darfodus**. Mae llwythi trwm yn rhy ddrud i'w cario yn yr awyr.

# SUT CAIFF EIN BWYD EI GARIO?

Edrychwch ar y pecynnau bwyd yn eich cegin. O ba wledydd maen nhw'n dod? Pa ddulliau o gario gafodd eu defnyddio ar gyfer pob un?

Mae llythyron a pharseli yn cael eu cludo ar draws y byd. Dyma daith llythyr o'r Unol Daleithiau i'r Deyrnas Unedig.

**1** Ar droed, i flwch postio.

**2** Mewn fan i swyddfa ddidoli.

**3** Mewn lori o'r swyddfa ddidoli i'r maes awyr.

**4** Mewn awyren i'r Deyrnas Unedig.

**5** Mewn trên i swyddfa ddidoli mewn tref yn y Deyrnas Unedig.

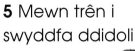

**6** Ar feic aiff y gweithiwr post â'r llythyr i ben y daith.

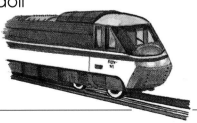

9

# Heolydd mewn Trefi

Mae ar wahanol fathau o gludiant angen gwahanol fathau o heolydd. Edrychwch ar y llun a'r map o ddinas Miami yn yr Unol Daleithiau. Beth sylwch chi am yr heolydd?

Mae Miami wedi ei chynllunio ar system **grid**, i bobl sydd am deithio mewn car. Mae'r ffyrdd syth, llydan yn caniatáu i drafnidiaeth symud yn gyflym a hawdd drwy'r ddinas. Mae dinasoedd fel Miami wedi tyfu dros y can mlynedd diwethaf.

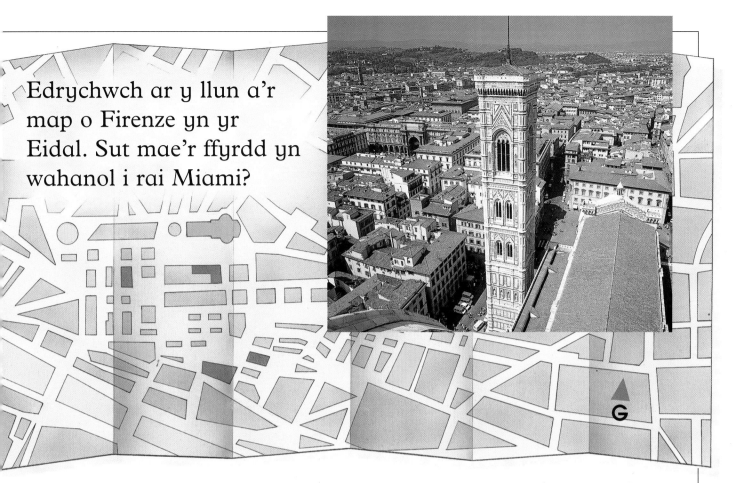

Edrychwch ar y llun a'r map o Firenze yn yr Eidal. Sut mae'r ffyrdd yn wahanol i rai Miami?

Tyfodd dinasoedd fel Firenze gannoedd o flynyddoedd yn ôl, cyn bod ceir. Roedd y strydoedd cul wedi eu cynllunio ar gyfer pobl ar droed neu ar gefn ceffyl.

## IAITH ARWYDDION

Caiff arwyddion stryd eu defnyddio i gyfathrebu â defnyddwyr ffyrdd. Beth yw ystyr y rhain? O ba wledydd maen nhw'n dod? Mae'r atebion ar dudalen 32.

# Cludiant ar y Cledrau

Mae rheilffyrdd yn croesi'r rhan fwyaf o wledydd y byd. Mae trenau lleol yn mynd â phobl i'r gwaith.

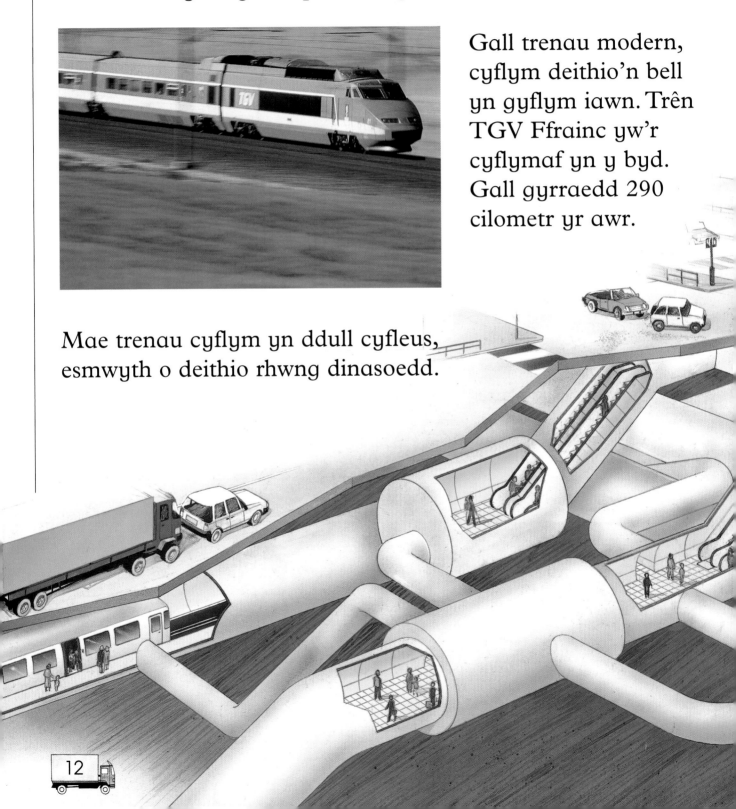

Gall trenau modern, cyflym deithio'n bell yn gyflym iawn. Trên TGV Ffrainc yw'r cyflymaf yn y byd. Gall gyrraedd 290 cilometr yr awr.

Mae trenau cyflym yn ddull cyfleus, esmwyth o deithio rhwng dinasoedd.

Mae'n anodd gosod cledrau drwy ddinasoedd, felly cânt eu rhoi dan ddaear yn aml. Gall pobl symud o gwmpas y dref yn gyflym, gan osgoi'r tagfeydd trafnidiaeth ar y strydoedd uwchben.

## Rheilffyrdd Dinasoedd

Mae trenau un-gledren Sydney, Awstralia, yn rhedeg uwchben y ddaear.

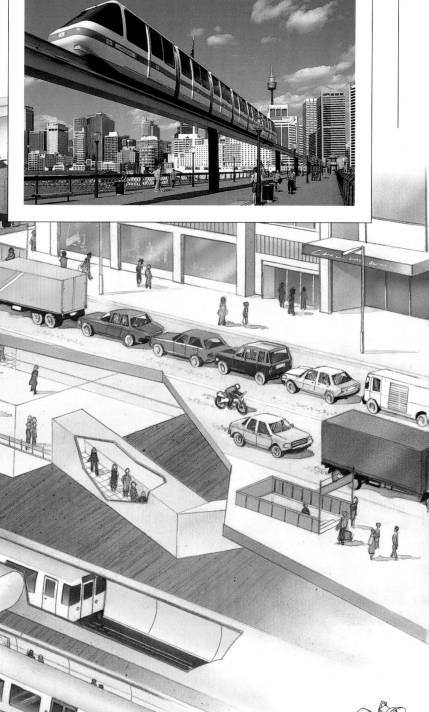

13

# Pontydd a Thwneli

Beth sy'n digwydd pan ddaw ffyrdd a rheilffyrdd yn erbyn rhwystrau fel mynyddoedd ac afonydd? Mae'r llun yn dangos rhai o'r pontydd sy'n cario trafnidiaeth ar draws cymoedd a thwnel ffordd yn mynd dan afon.

Mae traphont yn bont hir ar fwâu.

Pont grog a'r ffordd wedi ei chrogi o gadwyni neu geblau ynghlwm wrth dyrau.

## Ar i fyny!

Mae'r bont gamlas hon yn Amsterdam, yn yr Iseldiroedd, â darn canol sy'n codi, i longau a chychod deithio oddi tani.

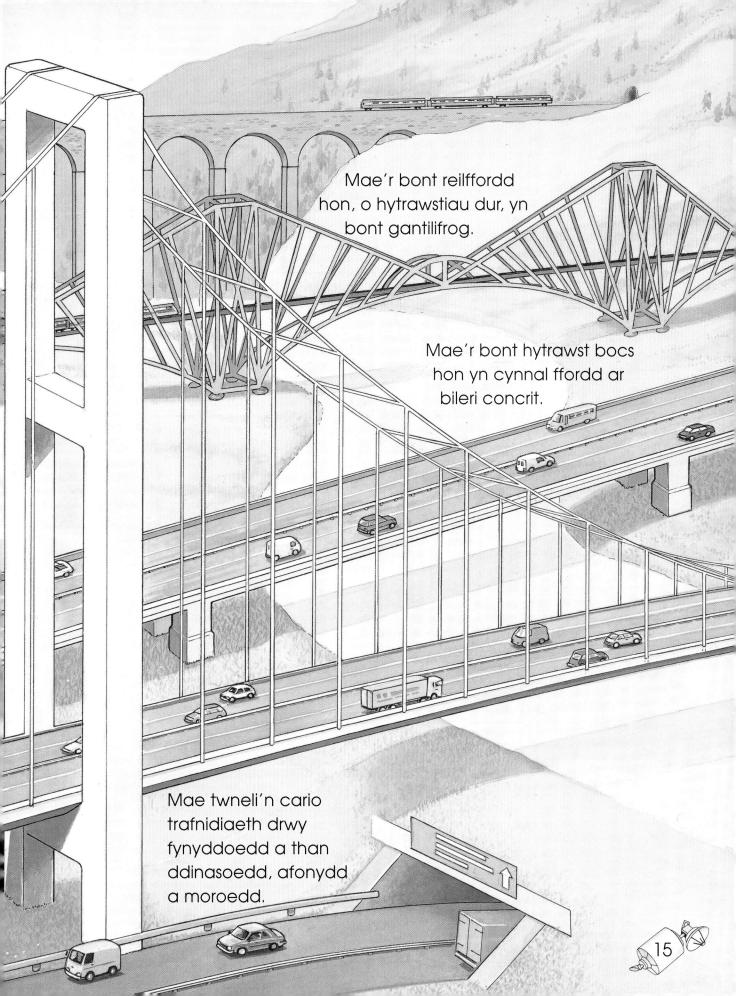

Mae'r bont reilffordd hon, o hytrawstiau dur, yn bont gantilifrog.

Mae'r bont hytrawst bocs hon yn cynnal ffordd ar bileri concrit.

Mae twneli'n cario trafnidiaeth drwy fynyddoedd a than ddinasoedd, afonydd a moroedd.

# Afonydd a Chamlesi

Ers y dyddiau cynharaf, mae pobl wedi cludo nwyddau a theithwyr ar hyd afonydd mewn cychod. Mae'r llun yn dangos cychod pleser ar Afon Mosel yn yr Almaen.

Ond doedd afonydd ddim, bob amser, yn mynd i'r union fan roedd pobl eisiau. Cloddiasant **sianelau** newydd o'r enw camlesi. Gan amlaf rhedai'r rhain o un dref i'r llall i symud nwyddau.

## Teithio drwy Lifddorau

Cwch ar gamlas yn symud o un lefel i'r llall â chymorth llifddorau.

Cwch yn mynd trwy glwydi sy'n cau ar ei ôl.

Llong yn hwylio drwy Gamlas Panama yn America Ganol.

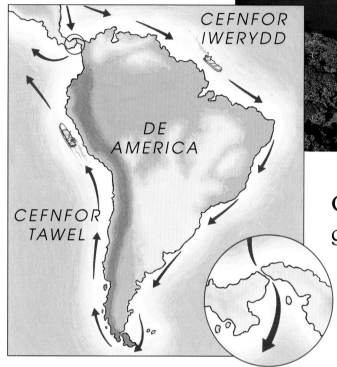

Gall llongau hwylio drwy'r gamlas hon yn lle gorfod hwylio o gwmpas **cyfandir** De America. Mae hyn yn arbed miloedd o gilometrau.

Dŵr yn dod i mewn drwy fflapiau ar waelod y clwydi.

Lefel y dŵr wedi codi. Clwydi uchaf yn agor. Cwch yn gadael.

# Cludiant ar y Môr

Mae pobl yn defnyddio llongau a chychod i deithio ar y môr o un wlad i'r llall. Caiff y rhan fwyaf o nwyddau trwm eu symud ar y môr.

Dyma dancer olew yn hwylio o'r Dwyrain Canol i **burfa** olew.

Fferi geir yw hon. Mae rhan flaen y llong yn agor i adael i geir a lorïau ddod a mynd.

Mae'r llong hon yn llawn grawn.

## Arnofio ar Aer

Mae llong hofran yn cario pobl a cherbydau. Mae'n arnofio ar glustog aer.

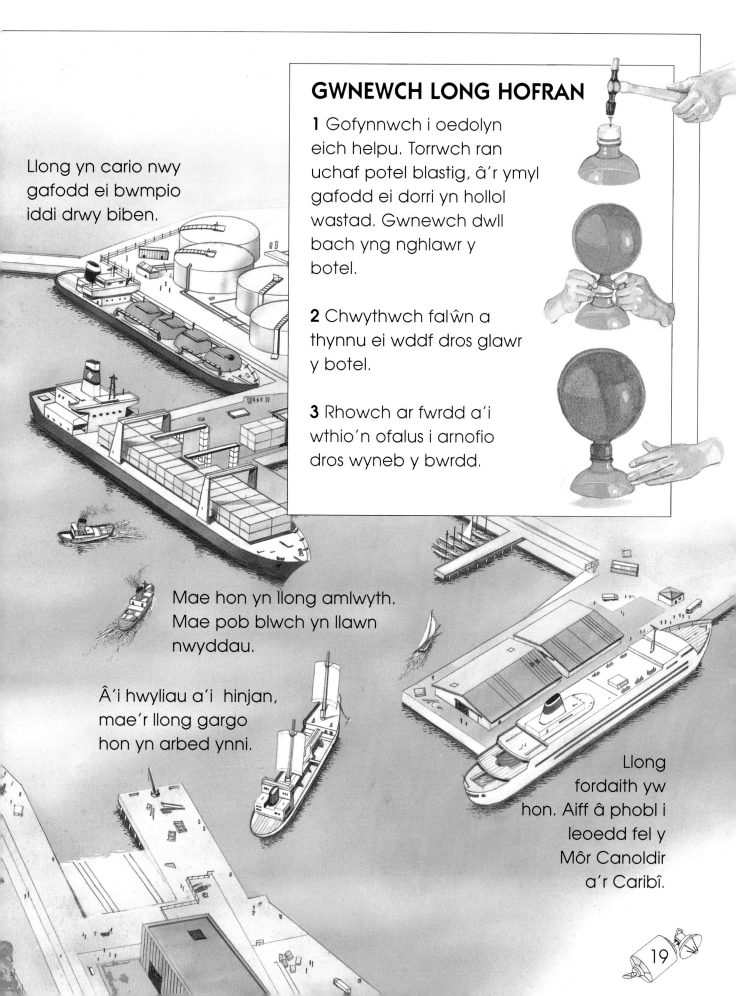

Llong yn cario nwy gafodd ei bwmpio iddi drwy biben.

## GWNEWCH LONG HOFRAN

**1** Gofynnwch i oedolyn eich helpu. Torrwch ran uchaf potel blastig, â'r ymyl gafodd ei dorri yn hollol wastad. Gwnewch dwll bach yng nghlawr y botel.

**2** Chwythwch falŵn a thynnu ei wddf dros glawr y botel.

**3** Rhowch ar fwrdd a'i wthio'n ofalus i arnofio dros wyneb y bwrdd.

Mae hon yn llong amlwyth. Mae pob blwch yn llawn nwyddau.

Â'i hwyliau a'i hinjan, mae'r llong gargo hon yn arbed ynni.

Llong fordaith yw hon. Aiff â phobl i leoedd fel y Môr Canoldir a'r Caribî.

# Cludiant yn yr Awyr

Fuoch chi'n hedfan? Os do, gwyddoch mor gyflym y gallwch deithio. Mae awyrennau yn ffordd arbennig o dda o deithio dros bellter...

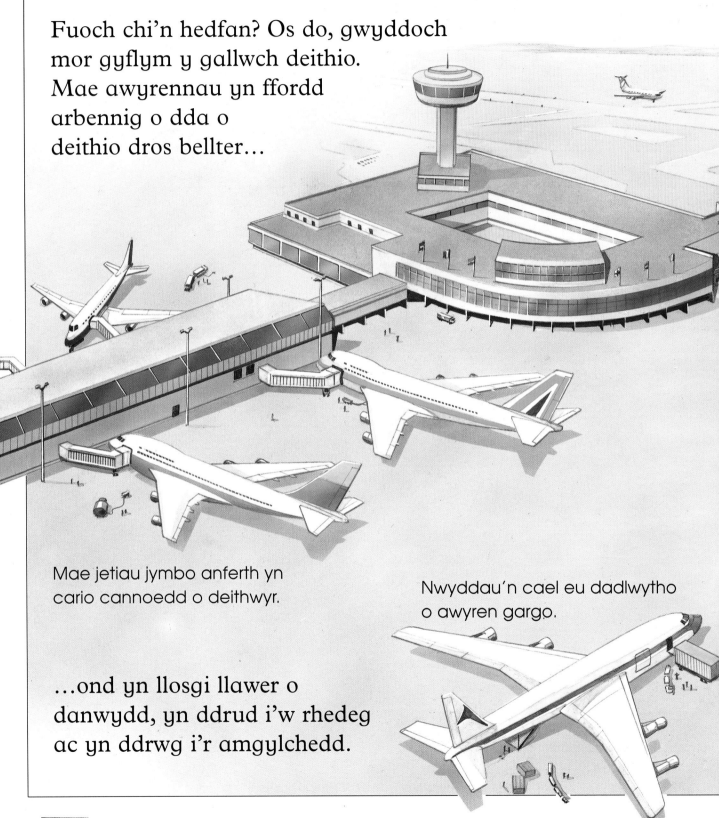

Mae jetiau jymbo anferth yn cario cannoedd o deithwyr.

Nwyddau'n cael eu dadlwytho o awyren gargo.

...ond yn llosgi llawer o danwydd, yn ddrud i'w rhedeg ac yn ddrwg i'r amgylchedd.

Gall hofrenyddion godi'n **fertigol**. Does dim angen rhedfeydd hir arnyn nhw. Dyma hofrennydd achub.

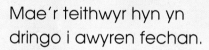

Mae'r teithwyr hyn yn dringo i awyren fechan.

Awyren bost yn cario llythyron a pharseli.

## Balwnau Aer Poeth

Dyma un o'r dulliau cyntaf o deithio trwy'r awyr. Heddiw cânt eu defnyddio i gael hwyl. Caiff y balŵn ei wthio i fyny gan aer wedi ei gynhesu gan losgyddion nwy. Mae'r teithwyr mewn basged dan y balŵn.

# Sut Rydym ni'n Cyfathrebu

Mae cludiant yn ffordd bwysig o gyfathrebu. Ond gallwch gyfathrebu â phobl heb deithio i'w gweld. Dros y blynyddoedd, mae pobl wedi dod o hyd i lawer dull gwahanol o anfon negeseuon.

Roedd morwyr yn defnyddio baneri i anfon negeseuon at longau eraill.

Roedd rhai o frodorion America yn defnyddio signalau mwg.

Ychydig dros gan mlynedd yn ôl, dyfeisiwyd y **telegraff**. Roedd yn galluogi pobl i anfon negeseuon dros wifren i unrhyw ran o'r byd.

Gyda dyfeisio'r teleffon, gallai pobl siarad â'i gilydd dros bellteroedd maith. Nawr rydym yn defnyddio'r teleffon, y ffacs a chyfrifiaduron i gadw mewn cysylltiad. Maent yn rhan bwysig o'n bywyd yn y gwaith.

Mae ffeibrau optig yn ddarnau o wydr mor denau â gwallt eich pen. Caiff bwndeli o ffeibrau optig eu gwneud yn geblau. Gall un cebl gario cymaint o wybodaeth â 10,000 o wifrau teleffon.

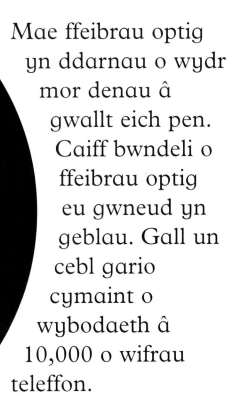

# Radio a Theledu

Mae radio yn ffordd o rannu gwybodaeth gyda llawer o bobl. Gallwch wrando ar rywun yn siarad i feicroffôn gannoedd o gilometrau i ffwrdd.

Gall rhywun â **derbynnydd** radio glywed y **darllediad**.

Mae teledu yn darlledu gwybodaeth hefyd. Mae'r bobl yn y llun hwn yn gwneud rhaglen deledu mewn stiwdio.

Pan gaiff y rhaglen ei **throsglwyddo**, gall ein setiau teledu ei derbyn. Lluniau du a gwyn oedd ar y setiau teledu cyntaf. Heddiw, mae setiau teledu lliw yn gyffredin.

# Cyfathrebu â Lloeren

Caiff lloerennau eu hanfon i'r gofod. Mae lloerennau cyfathrebu yn **cylchdroi**'r ddaear ac yn anfon negeseuon teleffon, radio a theledu o gwmpas y byd.

Mae lloerennau yn anfon signalau radio sy'n helpu llongau ac awyrennau i ddod o hyd i'w safle.

Caiff lloerennau eu defnyddio hefyd i ragweld y tywydd.
Mae'r llun isod yn dangos sut mae lloeren yn gweithio.

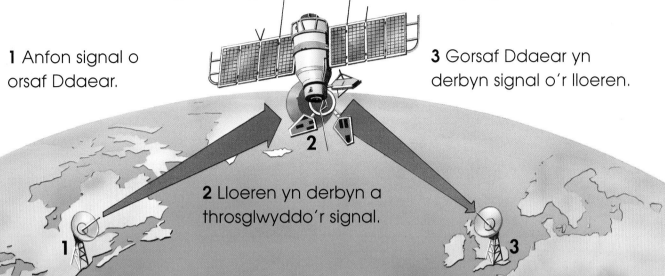

**1** Anfon signal o orsaf Ddaear.

**3** Gorsaf Ddaear yn derbyn signal o'r lloeren.

**2** Lloeren yn derbyn a throsglwyddo'r signal.

## Dysglau Lloeren

Mae gorsafoedd Daear sy'n cyfathrebu â lloerennau yn defnyddio **teimlyddion** mawr â siâp dysglau. Yn y Swistir mae'r orsaf hon.

# Taenu Gwybodaeth

Roedd dyfeisio argraffu, gannoedd o flynyddoedd yn ôl, yn golygu bod llawer o bobl yn gallu rhannu'r un wybodaeth. Dyma ddarlun o 1520 yn dangos gwasg argraffu yn yr Almaen.

Byddai argraffu yn cael ei wneud â llaw ond nawr mae llyfrau, cylchgronau a phapurau newydd yn cael eu hargraffu gan beiriannau cyfrifiadurol.

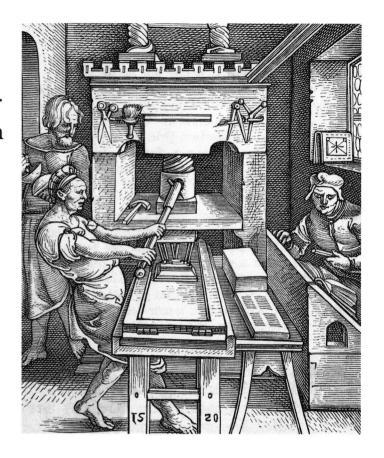

## Sut mae Papurau Newydd yn Cael eu Gwneud

Gohebwyr a ffotograffwyr yn cofnodi stori.

Dylunwyr yn trefnu'r stori ar gyfrifiadur â'r lluniau yn eu lle.

Medrwch gyfathrebu ag unrhyw un mewn unrhyw ran o'r byd drwy gyfrifiadur. Mae llyfrau, papurau a chylchgronau ar gael drwy'r **Rhyngrwyd**. Gallwn archebu prydau, siopa a thalu biliau drwy derfynell cyfrifiadur yn ein cartrefi.

Peiriannau mawr yn argraffu miliynau o gopïau o'r papur.

Papurau newydd terfynol fydd yn cael eu cludo i'r siopau.

# Y Dyfodol

Mae ceir yn hanfodol i fywydau pob dydd llawer ohonom. Ond mae ceir yn ddrwg i'r amgylchedd. Mewn trefi a dinasoedd lle mae llawer o drafnidiaeth, mae nwyon o **ecsost** ceir yn **llygru**'r aer, gan greu **mwrllwch** trwchus weithiau.

Mae'r nwyon yn gwenwyno'r aer ac yn cyfrannu at **law asid**, sy'n lladd planhigion, yn llygru llynnoedd ac afonydd ac yn niweidio adeiladau.

Mae gwyddonwyr yn gweithio ar ffyrdd newydd o leihau llygredd trafnidiaeth. Maen nhw'n datblygu tanwydd llai niweidiol. Yr haul sy'n rhoi grym i'r car yn y llun. Gallwch weld y **paneli solar** ar y cefn.

Medrwn gyfathrebu â'n gilydd heb deithio. Mae systemau cyfathrebu newydd yn golygu bod mwy o bobl yn gweithio gartref. Mae cyfrifiaduron, peiriannau ffacs a **fideoffonau** wedi dod yn rhan o'n bywydau pob dydd.

# Geirfa

**Cyfandir:** Un o ardaloedd eang tiroedd y Ddaear

**Cylchdroi:** Gwneud cylch yn y gofod o gwmpas y Ddaear

**Darllediad:** Rhaglen radio neu deledu gaiff ei throsglwyddo gan signalau trydanol, neu drosglwyddiad rhaglen radio neu deledu

**Derbynnydd:** Yn y ddyfais hon mae signalau trydanol yn cael eu troi'n sain a lluniau

**Ecsost:** Nwyon o injan cerbyd sydd wedi eu defnyddio

**Fertigol:** Unionsyth, i fyny neu i lawr

**Fideoffon:** Teleffon wedi ei gyfuno â derbynnydd teledu a throsglwyddydd

**Glaw asid:** Diferion o ddŵr llygredig yn yr awyr sy'n disgyn fel glaw, eirlaw ac eira

**Grid:** System o linellau llorweddol ac unionsyth wedi eu lleoli'n gyfartal

**Llygru:** Gwneud rhywle yn fudr neu'n niweidiol i fywyd dyn, anifail neu blanhigyn

**Mwrllwch:** Aer llygredig

**Nwyddau darfodus:** Nwyddau sydd yn pydru'n gyflym

**Paneli solar:** Paneli sy'n troi golau'r haul yn egni

**Purfa:** Lle mae deunyddiau yn cael eu puro

**Rhyngrwyd:** System wybodaeth sydd yn cysylltu cyfrifiaduron ar draws y byd

**Sianelau:** Llwybrau mae dŵr yn llifo trwyddynt

**Teimlyddion:** Dyfeisiadau sy'n cael eu defnyddio i dderbyn signalau trydanol

**Telegraff:** System sy'n troi neges yn arwyddion trydanol ac yn ei hanfon i dderbynnydd

**Trosglwyddo:** Anfon signalau radio neu deledu

# Mynegai

## Atebion i'r cwestiynau ar dudalen 11

1 Dim canu cyrn (Nigeria)
2 Croesfan reilffordd (y Deyrnas Unedig)
3 Plant yn croesi (Unol Daleithiau America)
4 Gwaith ar y ffordd (y Deyrnas Unedig)
5 Stopiwch (Japan)
6 Anifeiliaid gwyllt ar y ffordd (Awstralia)